Les 3 arbres

Adapté par Gabriel RINGLET
Illustré par Daniella OH

MÉDIASPAUL

Il était une fois…
en haut d'une montagne,
trois beaux petits arbres
habités chacun par un très grand rêve.

Le premier arbre

regardait souvent les **étoiles**.
« Comme elles brillent, pensait-il,
on dirait de vrais diamants !
Quand je serai grand,
je voudrais habiter une pierre brillante
comme une étoile.
Voilà : je serai

le **plus beau coffre à trésor** du monde. »

Le deuxième arbre

regardait souvent la rivière, tout en bas.
Elle aussi brillait au clair de lune.
Mais lui rêvait surtout de l'océan.
« Un jour, dit-il,

je voudrais **naviguer** sur les mers
et transporter des rois très puissants.
Je serai le voilier

le plus fort du monde. »

Le troisième petit arbre

regardait tantôt la vallée et tantôt le ciel.
« Moi, plus tard, dit-il,
je ne veux pas quitter cette montagne

mais je veux **grandir si haut**
que lorsque les gens lèveront les yeux
pour me regarder,
ils penseront à Dieu.

Oui, je serai le **plus grand** arbre du monde. »

Les années passèrent,
les printemps se multiplièrent,
et les petits arbres devinrent grands.

Et un jour,

trois bûcherons
gravirent la montagne.

Le premier bûcheron
regarda le premier arbre et dit :

« Il est très **beau**.
Voilà ce qu'il me faut. »
Et en un éclair, il le fit tomber.
« Enfin, s'exclama le premier arbre,
je vais bientôt abriter

un **trésor !** »

Le deuxième bûcheron
regarda le deuxième arbre et dit :

« Il est très **fort**.
Voilà ce qu'il me faut. »
Et en un éclair, il le fit tomber.
« Ouf ! Ce n'est pas trop tôt !
s'exclama le second arbre,

je vais bientôt **naviguer** et **transporter**

des rois **tout-puissants**. »

Le troisième bûcheron
regarda le troisième arbre et dit :

« Il est très **élancé**.
Voilà ce qu'il me faut. »
Et en un éclair, il le fit tomber.
« Quelle pitié ! »
pensa le troisième arbre,
et il se mit à bouder.

Le premier arbre
fut vraiment très joyeux
lorsque le bûcheron l'apporta
chez le charpentier.
Pensez donc :
un coffre à trésor !

Mais le charpentier

en fit une **mangeoire**
pour les animaux.

Le deuxième arbre
était tout sourire
quand le bûcheron l'emmena
au chantier naval.
À nous les océans !
Mais les ouvriers en firent

un petit bateau de pêche
juste bon à transporter
les poissons du lac.

Le troisième arbre

était encore plus morose
quand le bûcheron le laissa chez lui
pour en faire des poutres
et les entasser dans la cour.
« Qu'ai-je donc fait au Bon Dieu ?
gémit-il, moi qui ne demandais qu'une chose :
rester sur la montagne
et me rapprocher de lui ! »

Bien des jours encore s'écoulèrent,
et bien des nuits,
et les rêves des petits arbres s'éloignèrent
au fil des saisons.

Pourtant, une nuit,
le premier arbre fut réveillé
lorsqu'une jeune femme déposa son nouveau-né
dans la mangeoire.
« J'aurais bien aimé lui faire un berceau. »
disait l'homme, mais la mère répondit :
« Ne te tracasse pas,
cette mangeoire est magnifique ! »

Et comme une étoile éclairait
la mangeoire de tout son éclat,
le premier petit arbre sut
qu'il renfermait

le **plus grand trésor du monde**.

Une autre nuit, bien des années plus tard, un **étrange passager** s'assit dans une vieille barque au milieu des pêcheurs et il s'était endormi lorsqu'un violent orage éclata.

Le petit arbre qui en avait vu d'autres croyait
pourtant bien sa dernière heure arrivée
lorsque le passager s'éveilla,
se leva et tendit les bras vers la mer.

Et comme la tempête se calmait aussitôt,
le second petit arbre sut qu'il transportait

le **plus grand roi du monde**.

À quelque temps de là, un vendredi,
le troisième arbre, toujours inconsolable,
fut très surpris qu'on vienne retirer ses poutres
de la pile de bois.

Mais quelle désagréable sensation
de traverser la ville sous les huées
et bien pire encore, de sentir
que l'on cloue sur vous
les mains et les pieds d'un homme !

Pendant deux jours, il n'en dormit pas.
Mais quel ne fut pas son étonnement
lorsqu'au petit matin du dimanche,
un rameau fleurissait
au croisement de ses bras,
le troisième petit arbre sut

qu'il était grand

et que personne au monde n'avait été,

comme lui, aussi proche de Dieu !

Tous droits de traduction, de reproduction et d'adaptation
réservés pour tous pays.

© 2005 Éditions Médiaspaul
48 rue du Four - 75006 Paris - France

ISBN 2 7122 0944 3

Éditions Médiaspaul
3965 boulevard Henri - Bourassa Est
Montréal, QC, H1H 1L1 - Canada

Maquette : Studio Orion

Imprimé en Italie.